NATIONAL
GEOGRAPHIC

Peldaños

NATIVO-AMERICANOS
DEL

Sudeste

LOS SEMINOLAS DE LOS PANTANOS

por Brinda Gupta

Los estados norteños y sureños tienen diferente **clima**. El clima es el promedio del estado del tiempo en un período de tiempo. Influye sobre la manera en la que vives. Si vives en el norte de los Estados Unidos, sabes cómo vestirte para el estado del tiempo frío. Probablemente tienes un ropero lleno de ropa abrigada. Pero si vives en la parte del sur del país, quizá apenas necesites una chaqueta liviana para el invierno. El lugar donde vives influye en cómo vives, por lo tanto, el clima también definió la vida de los primeros nativo-americanos.

Los seminolas son nativo-americanos que vivían o migraron al clima cálido del sur de la Florida en el siglo XVIII. Los seminolas son una combinación de varios grupos de nativo-americanos. La mezcla también incluye a afro-americanos que intentaron escapar de la esclavitud. Todas estas personas se reunieron y formaron una sola tribu. Los seminolas adaptaron su vida a los pantanos húmedos y al clima tropical en el que vivían.

Esta ilustración muestra a una familia seminola en una canoa. Sus canoas a veces llegaban a medir 30 pies. Eso era suficientemente grande para que cupiera una familia entera y todas sus pertenencias.

VENCER EL CALOR

La Florida tiene dos climas. El norte de la Florida tiene un clima subtropical, que significa que tiene veranos calurosos y húmedos e inviernos templados. En el sur de la Florida hace calor todo el año, porque tiene clima tropical. Llueve mucho e incluso hay huracanes. Los seminolas y otras tribus aprendieron a vivir en el sur de la Florida, a pesar del estado del tiempo extremo.

Quizá creas que todos los nativo-americanos vivían en tipis, o tiendas. Los tipis estaban cubiertos con gruesas pieles de búfalo para mantener a las personas abrigadas en su interior. Pero los seminolas no necesitaban casas cálidas. Necesitaban casas frescas y secas.

Tradicionalmente, los seminolas vivían en chozas llamadas *chickees*. Las chickees eran abiertas a los costados para que las brisas las atravesaran. Sus techos de paja protegían a las familias del sol caluroso y las lluvias torrenciales de la Florida. Los seminolas construían sus chickees entre **montículos**, áreas de tierra que se elevan sobre pantanos cubiertos de hierba. Como la tierra era tan húmeda y podía inundarse con las lluvias torrenciales, las chickees se elevaban sobre pilotes para permanecer secas.

Hace mucho, los seminolas usaban materiales locales para hacer chickees como esta reconstrucción. Usaban madera de cipreses para hacer los pilotes que sostenían el techo en alto. Tejían frondas, o usaban hojas de palmera para hacer el techo. Era fácil construir las chickees. Permanecían frescas y secas en el pantano.

VIAJAR A TRAVÉS DE HUMEDALES

Los seminolas vivían cerca de los pantanos llamados Everglades. Para trasladarse por la región, podían caminar o navegar. Cuando caminaban, seguían los rastros de animales que serpenteaban por los montículos. Para viajar más rápido, se trasladaban en canoas a través de vías navegables.

Los seminolas usaban canoas especiales que fabricaban con los troncos de cipreses. Usaban varas para empujar estas canoas de fondo plano por el agua. Las varas funcionaban mejor que los remos porque las vías navegables pantanosas eran poco profundas. Las varas permitían a los navegantes empujar contra el fondo para desplazarse.

Los Everglades estaban llenos de peligros. Serpientes venenosas se ocultaban en la hierba y caimanes acechaban debajo de la superficie del agua. Aunque los caimanes pueden viajar por tierra, pasan la mayor parte de su tiempo en marismas y pantanos. Los seminolas aprendieron a respetar a estos y otros animales. Les daban mucho espacio cuando navegaban por los Everglades.

Los seminolas aún construyen canoas. Sin embargo, hace años que se talaron los cipreses más grandes. Por lo tanto, las canoas modernas de los seminolas generalmente son más pequeñas que las canoas tradicionales.

Este seminola moderno usa una vara para empujar su canoa. Los ancestros de los seminolas hacían y usaban canoas desde hace 5,000 años.

PECES Y FRUTAS

Los seminolas obtenían gran parte de su alimento en las vías navegables. De pie sobre su canoa, atravesaban peces con una lanza. Recolectaban caracoles y ostras en el agua. Un seminola suficientemente valiente para cazar un caimán podía cocinar su carne y comérselo. En los bosques cercanos, cazaban animales como venados, conejos y pavos.

El clima de la región podía ser incómodamente pegajoso. Pero era perfecto para recoger bayas silvestres y cultivar otros frutos y verduras como los frijoles y la calabaza. Los seminolas comían zapallos, piñas y naranjas, y cultivaban maíz y caña de azúcar. Una comida seminola podía incluir pescado asado con arroz silvestre y batatas, pan de maíz y ensalada de frutas como plátanos y uvas. Por el clima, tenían que soportar algunos días calurosos, pero nunca se quedaban sin comida.

ALIMENTACIÓN SALUDABLE

Los seminolas tenían una dieta deliciosa y variada. El maíz y la harina hecha de maíz eran ingredientes de muchas de sus comidas. Incluso algunas de sus bebidas contenían maíz. También comían muchas verduras, como la calabaza amarilla y las habichuelas verdes que se muestran en esta foto.

Esta mujer seminola usa una herramienta tradicional de madera con la que se muele el maíz para cocinarlo después. La herramienta se llama mortero y almirez. El mortero es el recipiente en el que se muele el maíz y el almirez es la vara grande que usa para moler el maíz.

Compruébalo ¿Cómo se adaptaron los seminolas a vivir en el clima tropical del sur de la Florida?

La vida en una aldea CHEROKEE

por Becky Manfredini   ilustraciones de James Madsen

Cada familia cherokee tenía una casa de verano y una de invierno. Las casas de verano eran grandes y rectangulares, abiertas y bien ventiladas. Las casas de invierno eran pequeñas y redondas, construidas para mantener abrigada a la familia.

Los cherokee vivían en grandes grupos familiares llamados **clanes**. Había siete clanes en cada tribu: Pelo largo, Pintura, Ave, Lobo, Papa silvestre, Venado y Azul. Los clanes han tenido esos nombres durante al menos, 500 años.

Imagina que vives junto a un río en la región que actualmente conocemos como los estados de Georgia, Tennessee, Carolina del Norte y Carolina del Sur. Hay bosques de arces, nogales americanos y pinos en todo tu entorno. Tu casa es una de las 40 casas de una aldea en la que viven más de 400 personas. Haces tus quehaceres diarios y luego juegas con otros niños mientras tu mamá siembra maíz y tu papá talla herramientas de caza.

Así era la vida para el pueblo cherokee. Los cherokee son un pueblo nativo-americano que vivía en las laderas de las montañas Apalaches, en el sudeste de los Estados Unidos. Las laderas son las partes bajas de una cordillera. Algunos cherokee todavía viven en esta región. Pero el gobierno de los EE. UU. obligó a la mayoría de los cherokee a mudarse al Oeste durante la década de 1830.

Cada aldea cherokee tenía una **plaza** pública en el centro. La plaza se usaba para reuniones, comercio y ceremonias religiosas.

Hogar y chimenea

Las aldeas cherokee rebosaban de actividad desde el amanecer hasta el atardecer. Los cherokee cultivaban en verano y cazaban en invierno. Los hombres despejaban los campos para sembrar cultivos, pero las mujeres los cultivaban. Los niños luchaban, jugaban e imitaban las destrezas de cacería del padre. Con arcos y flechas pequeños, les disparaban a las ardillas y a los conejos. Las niñas ayudaban a la madre con los quehaceres diarios y aprendían a llevar un hogar.

Mujeres cherokee muelen el maíz para hacer harina o agregarlo a las sopas. Hacían ropa cociendo partes de pieles de animales con agujas hechas de huesos de animales. Las mujeres criaban juntas a los niños de la aldea.

Las mujeres cherokee eran las dueñas de la tierra. Sembraban y cosechaban maíz, calabazas y frijoles.

ALDEA CHEROKEE

Los hombres construían las canoas y las casas de la aldea. También ayudaban con la cosecha.

En invierno, los hombres se iban a cazar venados, pavos y osos. Los cherokee usaban todas las partes de estos animales. Comían la carne de los venados, hacían ropa con la piel y herramientas con los cuernos y los huesos.

Los hombres cherokee usaban hachas con hojas fabricadas de hueso para talar árboles. Construían canoas con los troncos de los árboles. Para hacer las canoas, quemaban el centro del tronco y luego raspaban la madera carbonizada para retirarla.

Los cherokee atrapaban peces con **presas**, que eran trampas subacuáticas hechas de piedra y ramas. También pescaban con arcos y flechas, lanzas y redes.

Junto al agua

Los cherokee construían sus aldeas cerca de los ríos y los lagos, de manera que pudieran obtener más fácilmente agua para beber, cocinar y bañarse. Los hombres atrapaban peces. Las mujeres los preparaban y cocinaban. Las vías navegables también les brindaban una manera de viajar en canoas para comerciar productos. Cuando los europeos se mudaron a su tierra, los cherokee comenzaron a comerciar sus pieles de venado por las herramientas de metal, las armas, el vidrio y la tela de los europeos.

ALDEA CHEROKEE

El agua no solo se usaba para propósitos importantes. A los niños cherokee les encantaba nadar, chapotear y refrescarse.

Las mujeres cherokee reunían juncos, o la hierba alta que crecía junto a los ríos, para hacer canastos. Los canastos se usaban para almacenar y llevar alimentos y leña.

En la plaza

En la actualidad, las personas van a los centros comerciales, los cines y las tiendas de comestibles para comprar las cosas que necesitan y ver amigos. Para los cherokee, la plaza era el lugar donde había que estar. Los cherokee iban allí a pasar tiempo juntos, hacer reuniones, bailar y celebrar.

Durante las festividades, los cherokee encendían una fogata en la plaza para celebrar con los amigos y los vecinos. Una persona llamada Guardián del Fuego, mantenía el fuego ardiendo durante toda la festividad.

La Casa del Consejo era un edificio circular grande en la plaza donde los cherokee realizaban sus reuniones. Los aldeanos se sentaban en bancos junto a las paredes para escuchar a los cherokee ancianos que conversaban y tomaban decisiones. Una decisión importante para la aldea podía ser si se debía o no ir a la guerra.

Al atardecer, durante las festividades, las personas hacían la danza de los pies en la plaza. La danza de los pies es una danza religiosa y social que ha sido parte de la vida de los cherokee durante cientos de años. Unas personas llamadas agitadores de caparazones agitan cascabeles hechos de guijarros y caparazones de tortuga que usan en las piernas. Producen un ritmo moviendo los pies. Los bailarines dan vueltas alrededor de la fogata y bailan siguiendo el ritmo.

Compruébalo ¿Qué tipos de trabajo hacían los hombres y las mujeres en una aldea cherokee tradicional?

Se

quoyah

por Sheri Reda

Sequoyah era un líder cherokee que en realidad tenía dos nombres. Sequoyah era su nombre cherokee y George Guess era su nombre inglés. Como su padre era un comerciante blanco y su madre era cherokee, Sequoyah creció entre las dos culturas. Sin embargo, todos llegaron a respetarlo. Sequoyah era tan respetado, que se llamó con su nombre a los árboles más altos y fuertes del país.

Sequoyah nació en la aldea cherokee de Taskigi, en el centro de Tennessee, en algún momento entre los años 1760 y 1775. Su madre lo crió junto a sus hermanos. Se convirtió en comerciante y **orfebre**. Un orfebre hace tenedores, cuchillos, joyas y otros objetos con plata y otros metales.

Sequoyah luchó en el ejército de los EE. UU. durante la Guerra del Arroyo del año 1813 al año 1814. En ese conflicto lucharon principalmente nativo-americanos, pero los Estados Unidos también participaron. Este suceso cambió la vida de Sequoyah. Sigue leyendo para saber cómo.

Sequoyah posó para este retrato durante una visita a Washington, D.C. Fue a Washington, D.C., para firmar un tratado de paz entre el pueblo cherokee y el gobierno de los Estados Unidos.

El inventor

Cuando estaba en el ejército, Sequoyah vio cómo los soldados estadounidenses escribían cartas, leían órdenes y registraban sucesos. Llegó a creer que el secreto del poder de los estadounidenses era la escritura. En ese momento, los cherokee no tenían lengua escrita, por lo tanto, la mayor parte de sus conocimientos dependían de la transmisión oral y la memorización. Sequoyah compartió su idea sobre la creación de una lengua cherokee escrita con algunos amigos. Tenían sus dudas, pero Sequoyah no podía olvidarse de la idea.

Después de que dejara el ejército, Sequoyah se casó y tuvo una familia, pero continuó interesado en la escritura. Sequoyah sabía que los nativo-americanos tenían ricas culturas, y transmitían su cultura a las generaciones más jóvenes mediante cuentos. También sabía que la escritura era una manera más fácil de preservar información para las generaciones futuras.

En el año 1809, Sequoyah intentó crear una lengua cherokee escrita. Creó un símbolo para cada palabra cherokee, pero había muchos símbolos que recordar. Perplejo, Sequoyah le pidió ayuda a su hija Ayoka. Juntos, identificaron 85 sonidos en la lengua cherokee. Entonces, Sequoyah creó un símbolo para cada uno de los sonidos. Finalmente, combinó los símbolos en palabras, y eso funcionó.

El sistema de escritura de Sequoyah se llama silabario, porque cada símbolo representa una sílaba en la lengua cherokee. En inglés, cada símbolo representa una letra.

DWℰG

< ZAPATO

La palabra cherokee que significa zapato es *alasulo*, pero los mocasines como estos son *tsulawa*.

ᎤᎵᏎᎥ

> TORTUGA

¿Crees que esta tortuga de caja oriental sabe que se llama *daksi* en cherokee?

WMC

> CANASTO

La palabra cherokee que significa canasto es *talutsi*. Este canasto tradicional se teje con madreselva.

DCᏞ

< PEZ

Una palabra cherokee que significa pez es *atsadi*. También tienen palabras para diferentes tipos de peces. Una trucha es una *uga*.

El legado

ÁRBOL

En el año 1821, Sequoyah y su hija tuvieron que defender su sistema de escritura ante el Concejo Tribal cherokee, que creía que el sistema podía ser "brujería". Los miembros del concejo pusieron a Sequoyah y Ayoka en habitaciones separadas. Le pidieron a Sequoyah que escribiera un mensaje y luego se lo llevaron a Ayoka, que leyó y respondió el mensaje de Sequoyah. Los dos continuaron intercambiando mensajes rápidamente, sin errores.

Los miembros del concejo estaban impresionados y podían ver que no había magia en eso. Aprobaron el sistema de escritura e incluso le pidieron que se los enseñaran. En una semana, el concejo aprendió a leer y escribir cherokee. En unos meses, gran parte de la nación cherokee podía leer y escribir en su propia lengua.

Las secoyas crecen 300 pies de alto o más. Eso es aproximadamente la altura de la Estatua de la Libertad o un edificio de 30 pisos.

300 pies

200 pies

100 pies

En el año 1825, los cherokee honraron a Sequoyah con una medalla de plata y un **salario** de por vida. Pero él continuó trabajando. Publicó un periódico en cherokee e inglés. En el año 1828, el *Cherokee Phoenix* se convirtió en el primer periódico impreso en una lengua nativo-americana.

Cuando Sequoyah murió en el año 1843, personas de todo el mundo compartieron la tristeza de los cherokee. Sequoyah obsequió la lectura y la escritura a los cherokee. También obsequió los relatos cherokee al mundo.

> Más de diez años después de la muerte de Sequoyah, un científico lo homenajeó poniéndole secoya a los pinos gigantes de California. Las grandes acciones de Sequoyah realmente lo convirtieron en un "gigante".

Compruébalo ¿Por qué Sequoyah fue tan importante para el pueblo cherokee?

PARTES del pasado

por Becky Manfredini

ilustraciones de Suling Wang

Caminas por un sendero cuando descubres trocitos de cerámica rota. Recoges estos **fragmentos** y te preguntas de dónde provienen. También te preguntas quién los usó y con qué propósito. Piensas en cómo llegaron al sendero los fragmentos. Si disfrutas de armar un rompecabezas como este, quizá quieras aprender sobre la **arqueología**. Los arqueólogos estudian artefactos, u objetos, del pasado, para saber cómo vivían las personas hace mucho tiempo.

Hace unos 4,000 años, los nativo-americanos del sudeste comenzaron a hacer cerámica. Con el tiempo, diferentes tribus nativo-americanas desarrollaron su propio estilo de cerámica y decoraciones, que pintaban sobre la cerámica.

> Los arqueólogos reunieron todos los fragmentos que se muestran abajo. Luego los unieron para revelar la forma original de una vasija.

< Si vieras estos fragmentos, ¿cómo sabrías que eran partes de cerámica rota? Los arqueólogos observan los bordes y los patrones en los fragmentos para asegurarse de que eran de una vasija y no una simple roca.

De la Tierra

Los nativo-americanos de hace mucho tiempo usaban la cerámica para muchos propósitos. Necesitaban recipientes para almacenar, cocinar y servir alimentos y bebidas. Daban la cerámica como obsequio. También usaban la cerámica por razones religiosas, a veces como ofrendas a los muertos.

Si alguna vez has hecho algo de cerámica, sabes que se hace con arcilla, un tipo de tierra pegajosa. La arcilla es blanda cuando está húmeda, y puedes moldearla fácilmente. Se endurece cuando se seca o cuando se cocina en un horno especial. Los alfareros nativo-americanos **templaban** la arcilla, o la hacían más fuerte, al mezclarla con otros materiales. Por ejemplo, los habitantes de la costa usaban conchas de mar aplastadas o arena para templar sus vasijas. Los alfareros cerca del bosque usaban huesos triturados de animales. Las personas cerca de los arroyos y los ríos usaban guijarros. Algunos alfareros usaban fragmentos triturados de vasijas viejas para templar las nuevas.

< Los nativo-americanos del sudeste aún hacen vasijas en la actualidad. Algunas tribus decoran sus obras con patrones. Otras tribus graban o pintan animales o personas en la cerámica.

Personas de cerámica

Hace miles de años, los alfareros nativo-americanos vivían en muchas tribus a lo largo de la tierra que, en la actualidad, es el sudeste de los Estados Unidos. El estilo de cerámica de cada tribu era propio de su cultura.

< El alfarero nativo-americano Sweeny Willis hizo esta vasija con un método de enrollado.

Mississippi

El pueblo mississippi vivía cerca del río Mississippi. Pintaban y grababan diseños en frascos, platos y vasijas de arcilla. También hacían vasijas con forma de cabeza humana. Dejaban estas vasijas como ofrendas cuando enterraban a sus muertos. Los arqueólogos han encontrado estas vasijas en Arkansas y Missouri. Se remontan al año 700 d. c., aproximadamente.

> Esta jarra mississippi se creó con forma de mujer con el rostro tatuado.

∨ Este tazón pamunkey se hizo a comienzos del siglo XX. Representa a un hombre que usa una toca de plumas.

Pamunkey

La tribu pamunkey del noreste de Virginia comenzó a comerciar cerámica con los colonos europeos en el siglo XVII. Su cerámica se hacía con arcilla de río que era abundante y oscura. Además de cerámica para usar en la mesa, los pamunkey hacían tazones, pipas y otros recipientes.

Cherokee

Hace casi 2,000 años, los cherokee de Tennessee y Carolina del Norte comenzaron una tradición distintiva que se llama "cerámica estampada". Los alfareros estampaban su cerámica con remos de madera que tenían diseños tallados. Los diseños se transferían a la arcilla.

> Un artista cherokee moderno creó esta cerámica estampada.

Catawba

Durante miles de años, los catawba de Carolina del Norte y del Sur han hecho cerámica con arcilla oscura. Dependiendo el tipo de madera que se pone en el fuego para cocinar la cerámica, las piezas tienen vetas beige, marrones o grises. Algunos alfareros catawba hacen tazones con forma de serpientes, aves y ardillas.

∧ El artista catawba moderno que hizo este castor lo pulió para que brillara.

∨ Esta canoa catawba moderna presenta un rostro humano.

Hacer cerámica

Si vivieras hace miles de años, así es como habrías hecho un recipiente para contener agua o alimento.

1 **ABLANDAR LA ARCILLA:** Prepara una bola de arcilla para moldearla. Agrega agua. Luego **amásala**, o trabájala con las manos, hasta que esté suficientemente blanda para moldearla.

2 **TEMPLAR:** Agrega un puñado de guijarros, arena, o conchas de mar trituradas.

5 **SUAVIZAR:** Usa los dedos para suavizar los lados del recipiente, por dentro y por fuera.

6 **SECAR:** Coloca tu objeto de arcilla al sol para que se seque. Dependiendo de lo seco o húmedo que esté el aire, este paso podría tomar hasta dos semanas.

3 **ENROLLAR:** Forma bolas de arcilla más pequeñas. Enrolla cada una para formar un rollo largo.

4 **FORMAR UNA PILA:** Forma círculos con los rollos. Apila los círculos uno sobre otro para formar un recipiente.

7 **PINTAR:** Pinta un diseño en ella para que cuente algo sobre tu cultura o modo de vida.

8 **COCINAR:** Coloca tu objeto en un horno para cerámica. Cuando esté seco, tendrás tu propia cerámica.

Compruébalo ¿Cuál es la información más interesante que aprendiste sobre la cerámica de los nativo-americanos del sudeste?

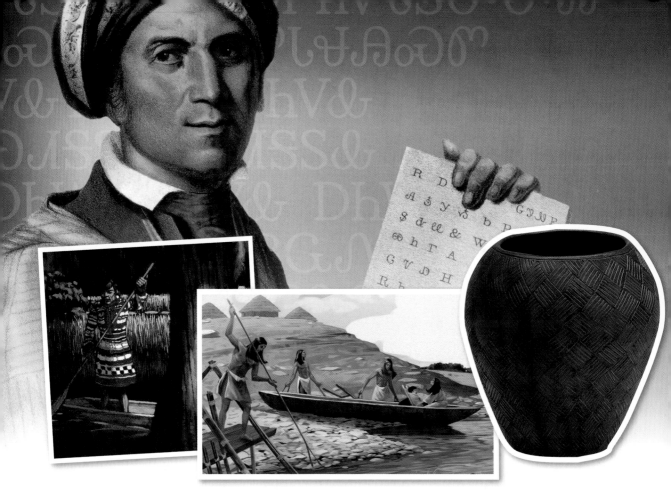

Comenta

1. ¿Qué conexiones puedes hacer entre los cuatro artículos de este libro? ¿Cómo crees que se relacionan las selecciones?

2. ¿Cómo crees que el sistema de escritura que inventó Sequoyah benefició a los cherokee?

3. Describe el modo de vida tradicional cherokee, incluidos sus trabajos, pasatiempos y eventos comunitarios. ¿En qué se compara el modo de vida cherokee de hace mucho con la vida actual?

4. ¿Qué pueden descubrir los arqueólogos sobre los nativo-americanos del sudeste mediante el estudio de los fragmentos de cerámica rota?

5. ¿Qué más te gustaría saber sobre los nativo-americanos del sudeste?